THIS BOOK
BELONGS TO

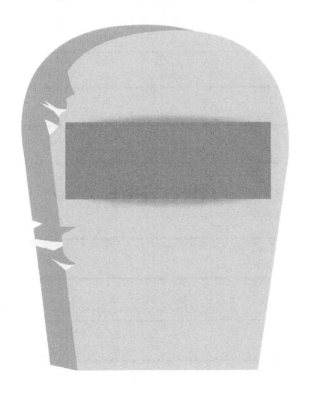

DATE: _____ **RATED:**

MOVIE TITLE: _____

DIRECTOR: _____

YEAR: _____

SUB-GENRE: _____

MY RATING: 🔪 🔪 🔪 🔪 🔪

LIKES:

_____

_____

_____

_____

DISLIKES:

_____

_____

_____

_____

DATE: [   ]   **RATED:**

MOVIE TITLE: _____
DIRECTOR: _____
YEAR: _____
SUB-GENRE: _____

MY RATING: 🔪 🔪 🔪 🔪 🔪

LIKES:

_____
_____
_____
_____

DISLIKES:

_____
_____
_____
_____

DATE: _____ **RATED:**

MOVIE TITLE: _____

DIRECTOR: _____

YEAR: _____

SUB-GENRE: _____

MY RATING: 🔪 🔪 🔪 🔪 🔪

LIKES:

_____

_____

_____

_____

DISLIKES:

_____

_____

_____

_____

DATE: _____ **RATED:**

MOVIE TITLE: _____

DIRECTOR: _____

YEAR: _____

SUB-GENRE: _____

MY RATING: 🔪 🔪 🔪 🔪 🔪

LIKES:

_____

_____

_____

_____

DISLIKES:

_____

_____

_____

_____

DATE:

RATED:

MOVIE TITLE: _____

DIRECTOR: _____

YEAR: _____

SUB-GENRE: _____

MY RATING:

LIKES:

_____

_____

_____

_____

DISLIKES:

_____

_____

_____

_____

DATE: _____ **RATED:**

MOVIE TITLE: _____

DIRECTOR: _____

YEAR: _____

SUB-GENRE: _____

MY RATING: 🔪 🔪 🔪 🔪 🔪

LIKES:

_____

_____

_____

_____

DISLIKES:

_____

_____

_____

_____

DATE: _____   **RATED:**

MOVIE TITLE: _____

DIRECTOR: _____

YEAR: _____

SUB-GENRE: _____

MY RATING: 🔪 🔪 🔪 🔪 🔪

LIKES:

_____

_____

_____

_____

DISLIKES:

_____

_____

_____

_____

DATE: _____ **RATED:**

MOVIE TITLE: _____

DIRECTOR: _____

YEAR: _____

SUB-GENRE: _____

MY RATING: 🗡 🗡 🗡 🗡 🗡

LIKES:

_____

_____

_____

_____

DISLIKES:

_____

_____

_____

_____

DATE: [ ] **RATED:**

MOVIE TITLE: _____

DIRECTOR: _____

YEAR: _____

SUB-GENRE: _____

MY RATING: 🔪 🔪 🔪 🔪 🔪

LIKES:

_____

_____

_____

_____

DISLIKES:

_____

_____

_____

_____

DATE: [   ]   **RATED:**

MOVIE TITLE: _____

DIRECTOR: _____

YEAR: _____

SUB-GENRE: _____

MY RATING: 🔪 🔪 🔪 🔪 🔪

LIKES:

_____

_____

_____

_____

DISLIKES:

_____

_____

_____

_____

DATE: ⬚ **RATED:**

MOVIE TITLE: _____

DIRECTOR: _____

YEAR: _____

SUB-GENRE: _____

MY RATING: 🔪 🔪 🔪 🔪 🔪

LIKES:

_____

_____

_____

_____

DISLIKES:

_____

_____

_____

_____

DATE:

RATED:

MOVIE TITLE: _____

DIRECTOR: _____

YEAR: _____

SUB-GENRE: _____

MY RATING:

LIKES:

_____

_____

_____

_____

DISLIKES:

_____

_____

_____

_____

DATE: _____ **RATED:**

MOVIE TITLE: _____

DIRECTOR: _____

YEAR: _____

SUB-GENRE: _____

MY RATING: 🔪 🔪 🔪 🔪 🔪

LIKES:

_____

_____

_____

_____

DISLIKES:

_____

_____

_____

_____

DATE:

RATED:

MOVIE TITLE: _____

DIRECTOR: _____

YEAR: _____

SUB-GENRE: _____

MY RATING: 🔪 🔪 🔪 🔪 🔪

LIKES:

_____

_____

_____

_____

DISLIKES:

_____

_____

_____

_____

DATE: _____ **RATED:**

MOVIE TITLE: _____

DIRECTOR: _____

YEAR: _____

SUB-GENRE: _____

MY RATING: 🔪 🔪 🔪 🔪 🔪

LIKES:

_____

_____

_____

_____

DISLIKES:

_____

_____

_____

_____

DATE:

RATED:

MOVIE TITLE: _____

DIRECTOR: _____

YEAR: _____

SUB-GENRE: _____

MY RATING: 🔪 🔪 🔪 🔪 🔪

LIKES:

_____

_____

_____

_____

DISLIKES:

_____

_____

_____

_____

DATE:

RATED:

MOVIE TITLE: _____

DIRECTOR: _____

YEAR: _____

SUB-GENRE: _____

MY RATING: 🔪 🔪 🔪 🔪 🔪

LIKES:

_____

_____

_____

_____

DISLIKES:

_____

_____

_____

_____

DATE:

RATED:

MOVIE TITLE: _____

DIRECTOR: _____

YEAR: _____

SUB-GENRE: _____

MY RATING:

LIKES:

_____

_____

_____

_____

DISLIKES:

_____

_____

_____

_____

DATE:

RATED:

MOVIE TITLE: _____

DIRECTOR: _____

YEAR: _____

SUB-GENRE: _____

MY RATING: 🔪 🔪 🔪 🔪 🔪

LIKES:

_____

_____

_____

_____

DISLIKES:

_____

_____

_____

_____

DATE: [ ] **RATED:**

MOVIE TITLE: _____
DIRECTOR: _____
YEAR: _____
SUB-GENRE: _____

MY RATING: 🔪 🔪 🔪 🔪 🔪

LIKES:

_____
_____
_____
_____

DISLIKES:

_____
_____
_____
_____

DATE: | **RATED:**

MOVIE TITLE: _____

DIRECTOR: _____

YEAR: _____

SUB-GENRE: _____

MY RATING: 🔪 🔪 🔪 🔪 🔪

LIKES:

_____

_____

_____

_____

DISLIKES:

_____

_____

_____

_____

DATE: **RATED:**

MOVIE TITLE: _____

DIRECTOR: _____

YEAR: _____

SUB-GENRE: _____

MY RATING:

LIKES:

_____
_____
_____
_____

DISLIKES:

_____
_____
_____
_____

DATE: _____ **RATED:**

MOVIE TITLE: _____

DIRECTOR: _____

YEAR: _____

SUB-GENRE: _____

MY RATING: 🔪 🔪 🔪 🔪 🔪

LIKES:

_____

_____

_____

_____

DISLIKES:

_____

_____

_____

_____

DATE: _____ **RATED:**

MOVIE TITLE: _____

DIRECTOR: _____

YEAR: _____

SUB-GENRE: _____

MY RATING: 🔪 🔪 🔪 🔪 🔪

LIKES:

_____

_____

_____

_____

DISLIKES:

_____

_____

_____

_____

DATE: [ ]   **RATED:**

MOVIE TITLE: _____

DIRECTOR: _____

YEAR: _____

SUB-GENRE: _____

MY RATING: 🔪 🔪 🔪 🔪 🔪

LIKES:

_____

_____

_____

_____

DISLIKES:

_____

_____

_____

_____

DATE: **RATED:**

MOVIE TITLE: _____

DIRECTOR: _____

YEAR: _____

SUB-GENRE: _____

MY RATING:

LIKES:

_____

_____

_____

_____

DISLIKES:

_____

_____

_____

_____

DATE: _____ **RATED:**

MOVIE TITLE: _____
DIRECTOR: _____
YEAR: _____
SUB-GENRE: _____

MY RATING: 🔪 🔪 🔪 🔪 🔪

LIKES:

_____
_____
_____
_____

DISLIKES:

_____
_____
_____
_____

DATE: _____ **RATED:**

MOVIE TITLE: _____

DIRECTOR: _____

YEAR: _____

SUB-GENRE: _____

MY RATING: 🔪 🔪 🔪 🔪 🔪

LIKES:

_____

_____

_____

_____

DISLIKES:

_____

_____

_____

_____

DATE: _____ **RATED:**

MOVIE TITLE: _____

DIRECTOR: _____

YEAR: _____

SUB-GENRE: _____

MY RATING: 🔪 🔪 🔪 🔪 🔪

LIKES:

_____

_____

_____

_____

DISLIKES:

_____

_____

_____

_____

DATE: [   ] **RATED:**

MOVIE TITLE: _____

DIRECTOR: _____

YEAR: _____

SUB-GENRE: _____

MY RATING: 🔪 🔪 🔪 🔪 🔪

LIKES:

_____

_____

_____

_____

DISLIKES:

_____

_____

_____

_____

DATE:

RATED:

MOVIE TITLE: _____

DIRECTOR: _____

YEAR: _____

SUB-GENRE: _____

MY RATING: 🔪 🔪 🔪 🔪 🔪

LIKES:

_____

_____

_____

_____

DISLIKES:

_____

_____

_____

_____

DATE: _____ **RATED:** _____

MOVIE TITLE: _____

DIRECTOR: _____

YEAR: _____

SUB-GENRE: _____

MY RATING: 🔪 🔪 🔪 🔪 🔪

LIKES:

_____

_____

_____

_____

DISLIKES:

_____

_____

_____

_____

DATE:

RATED:

MOVIE TITLE: _____

DIRECTOR: _____

YEAR: _____

SUB-GENRE: _____

MY RATING: 🔪 🔪 🔪 🔪 🔪

LIKES:

_____
_____
_____
_____

DISLIKES:

_____
_____
_____
_____
_____

DATE: _____ **RATED:**

MOVIE TITLE: _____

DIRECTOR: _____

YEAR: _____

SUB-GENRE: _____

MY RATING: 🔪 🔪 🔪 🔪 🔪

LIKES:

_____

_____

_____

_____

DISLIKES:

_____

_____

_____

_____

DATE:

RATED:

MOVIE TITLE: _____

DIRECTOR: _____

YEAR: _____

SUB-GENRE: _____

MY RATING: 🔪 🔪 🔪 🔪 🔪

LIKES:

_____

_____

_____

_____

DISLIKES:

_____

_____

_____

_____

DATE:

RATED:

MOVIE TITLE: _____

DIRECTOR: _____

YEAR: _____

SUB-GENRE: _____

MY RATING: 🔪 🔪 🔪 🔪 🔪

LIKES:

_____

_____

_____

_____

DISLIKES:

_____

_____

_____

_____

DATE:

RATED:

MOVIE TITLE: _____

DIRECTOR: _____

YEAR: _____

SUB-GENRE: _____

MY RATING: 🔪 🔪 🔪 🔪 🔪

LIKES:

_____
_____
_____
_____

DISLIKES:

_____
_____
_____
_____

DATE: _____ **RATED:**

MOVIE TITLE: _____

DIRECTOR: _____

YEAR: _____

SUB-GENRE: _____

MY RATING:

LIKES:

_____

_____

_____

_____

DISLIKES:

_____

_____

_____

_____

DATE: _____ **RATED:**

MOVIE TITLE: _____

DIRECTOR: _____

YEAR: _____

SUB-GENRE: _____

MY RATING: 🔪 🔪 🔪 🔪 🔪

LIKES:

_____

_____

_____

_____

DISLIKES:

_____

_____

_____

_____

DATE: [_____] **RATED:**

MOVIE TITLE: _____

DIRECTOR: _____

YEAR: _____

SUB-GENRE: _____

MY RATING: 🔪 🔪 🔪 🔪 🔪

LIKES:

_____

_____

_____

_____

DISLIKES:

_____

_____

_____

_____

DATE: _____ **RATED:**

MOVIE TITLE: _____

DIRECTOR: _____

YEAR: _____

SUB-GENRE: _____

MY RATING:

LIKES:

_____

_____

_____

_____

DISLIKES:

_____

_____

_____

_____

DATE: **RATED:**

MOVIE TITLE: _____

DIRECTOR: _____

YEAR: _____

SUB-GENRE: _____

MY RATING: 🔪 🔪 🔪 🔪 🔪

LIKES:

_____

_____

_____

_____

DISLIKES:

_____

_____

_____

_____

DATE: _____ **RATED:**

MOVIE TITLE: _____

DIRECTOR: _____

YEAR: _____

SUB-GENRE: _____

MY RATING: 🔪 🔪 🔪 🔪 🔪

LIKES:

_____

_____

_____

_____

DISLIKES:

_____

_____

_____

_____

DATE: _____ **RATED:** _____

MOVIE TITLE: _____
DIRECTOR: _____
YEAR: _____
SUB-GENRE: _____

MY RATING: 🔪 🔪 🔪 🔪 🔪

LIKES:

_____
_____
_____
_____

DISLIKES:

_____
_____
_____
_____

DATE:

RATED:

MOVIE TITLE: _____

DIRECTOR: _____

YEAR: _____

SUB-GENRE: _____

MY RATING: 🔪 🔪 🔪 🔪 🔪

LIKES:

_____

_____

_____

_____

DISLIKES:

_____

_____

_____

_____

DATE: _____ **RATED:**

MOVIE TITLE: _____

DIRECTOR: _____

YEAR: _____

SUB-GENRE: _____

MY RATING: 🔪 🔪 🔪 🔪 🔪

LIKES:

_____

_____

_____

_____

DISLIKES:

_____

_____

_____

_____

DATE: _____ **RATED:**

MOVIE TITLE: _____

DIRECTOR: _____

YEAR: _____

SUB-GENRE: _____

MY RATING: 🔪 🔪 🔪 🔪 🔪

LIKES:

_____

_____

_____

_____

DISLIKES:

_____

_____

_____

_____

DATE: **RATED:**

MOVIE TITLE: _____

DIRECTOR: _____

YEAR: _____

SUB-GENRE: _____

MY RATING: 🔪 🔪 🔪 🔪 🔪

LIKES:

_____

_____

_____

_____

DISLIKES:

_____

_____

_____

_____

DATE:

RATED:

MOVIE TITLE: _____

DIRECTOR: _____

YEAR: _____

SUB-GENRE: _____

MY RATING: 🔪 🔪 🔪 🔪 🔪

LIKES:

_____

_____

_____

_____

DISLIKES:

_____

_____

_____

_____

DATE:

RATED:

MOVIE TITLE: _____

DIRECTOR: _____

YEAR: _____

SUB-GENRE: _____

MY RATING: 🔪 🔪 🔪 🔪 🔪

LIKES:

_____
_____
_____
_____

DISLIKES:

_____
_____
_____
_____

DATE: _____ **RATED:**

MOVIE TITLE: _____

DIRECTOR: _____

YEAR: _____

SUB-GENRE: _____

MY RATING: 🔪 🔪 🔪 🔪 🔪

LIKES:

_____

_____

_____

_____

DISLIKES:

_____

_____

_____

_____

DATE: _____ **RATED:** _____

MOVIE TITLE: _____

DIRECTOR: _____

YEAR: _____

SUB-GENRE: _____

MY RATING:

LIKES:

_____

_____

_____

_____

DISLIKES:

_____

_____

_____

_____

DATE: [   ] **RATED:**

MOVIE TITLE: _____

DIRECTOR: _____

YEAR: _____

SUB-GENRE: _____

MY RATING: 🔪 🔪 🔪 🔪 🔪

LIKES:

_____
_____
_____
_____

DISLIKES:

_____
_____
_____
_____

DATE: [ ] **RATED:**

MOVIE TITLE: _____

DIRECTOR: _____

YEAR: _____

SUB-GENRE: _____

MY RATING: 🔪 🔪 🔪 🔪 🔪

LIKES:

_____

_____

_____

_____

DISLIKES:

_____

_____

_____

_____

DATE: _____ **RATED:**

MOVIE TITLE: _____

DIRECTOR: _____

YEAR: _____

SUB-GENRE: _____

MY RATING: 🔪 🔪 🔪 🔪 🔪

LIKES:

_____

_____

_____

_____

DISLIKES:

_____

_____

_____

_____

DATE:

RATED:

MOVIE TITLE: _____

DIRECTOR: _____

YEAR: _____

SUB-GENRE: _____

MY RATING: 🔪 🔪 🔪 🔪 🔪

LIKES:

_____

_____

_____

_____

DISLIKES:

_____

_____

_____

_____

DATE:

RATED:

MOVIE TITLE: _____

DIRECTOR: _____

YEAR: _____

SUB-GENRE: _____

MY RATING: 🔪 🔪 🔪 🔪 🔪

LIKES:

_____

_____

_____

_____

DISLIKES:

_____

_____

_____

_____

DATE: [   ]   **RATED:**

MOVIE TITLE: _____

DIRECTOR: _____

YEAR: _____

SUB-GENRE: _____

MY RATING: 🔪 🔪 🔪 🔪 🔪

LIKES:

_____

_____

_____

_____

DISLIKES:

_____

_____

_____

_____

DATE: **RATED:**

MOVIE TITLE: _____

DIRECTOR: _____

YEAR: _____

SUB-GENRE: _____

MY RATING: 🔪 🔪 🔪 🔪 🔪

LIKES:

_____

_____

_____

_____

DISLIKES:

_____

_____

_____

_____

DATE: [ ] **RATED:**

MOVIE TITLE: _____

DIRECTOR: _____

YEAR: _____

SUB-GENRE: _____

MY RATING: 🔪 🔪 🔪 🔪 🔪

LIKES:

_____

_____

_____

_____

DISLIKES:

_____

_____

_____

_____

DATE: _____ **RATED:**

MOVIE TITLE: _____

DIRECTOR: _____

YEAR: _____

SUB-GENRE: _____

MY RATING: 🔪 🔪 🔪 🔪 🔪

LIKES:

_____

_____

_____

_____

DISLIKES:

_____

_____

_____

_____

DATE: _____ **RATED:**

MOVIE TITLE: _____

DIRECTOR: _____

YEAR: _____

SUB-GENRE: _____

MY RATING: 🔪 🔪 🔪 🔪 🔪

LIKES:

_____

_____

_____

_____

DISLIKES:

_____

_____

_____

_____

DATE:

RATED:

MOVIE TITLE: _____

DIRECTOR: _____

YEAR: _____

SUB-GENRE: _____

MY RATING: 🔪 🔪 🔪 🔪 🔪

LIKES:

_____

_____

_____

_____

DISLIKES:

_____

_____

_____

_____

DATE: [   ] **RATED:**

MOVIE TITLE: _____

DIRECTOR: _____

YEAR: _____

SUB-GENRE: _____

MY RATING:

LIKES:

_____

_____

_____

_____

DISLIKES:

_____

_____

_____

_____

DATE: _____ **RATED:**

MOVIE TITLE: _____

DIRECTOR: _____

YEAR: _____

SUB-GENRE: _____

MY RATING: 🔪 🔪 🔪 🔪 🔪

LIKES:

_____

_____

_____

_____

DISLIKES:

_____

_____

_____

_____

DATE:

RATED:

MOVIE TITLE: _____

DIRECTOR: _____

YEAR: _____

SUB-GENRE: _____

MY RATING:

LIKES:

_____
_____
_____
_____

DISLIKES:

_____
_____
_____
_____

DATE: [ ] **RATED:**

MOVIE TITLE: _____

DIRECTOR: _____

YEAR: _____

SUB-GENRE: _____

MY RATING: 🔪 🔪 🔪 🔪 🔪

LIKES:

_____

_____

_____

_____

DISLIKES:

_____

_____

_____

_____

DATE: [   ] **RATED:**

MOVIE TITLE: _____

DIRECTOR: _____

YEAR: _____

SUB-GENRE: _____

MY RATING:

LIKES:

_____
_____
_____
_____
_____

DISLIKES:

_____
_____
_____
_____
_____

DATE: [ ] **RATED:**

MOVIE TITLE: _____

DIRECTOR: _____

YEAR: _____

SUB-GENRE: _____

MY RATING: 🔪 🔪 🔪 🔪 🔪

LIKES:

_____

_____

_____

_____

DISLIKES:

_____

_____

_____

_____

DATE: _____

RATED:

MOVIE TITLE: _____

DIRECTOR: _____

YEAR: _____

SUB-GENRE: _____

MY RATING: 🔪 🔪 🔪 🔪 🔪

LIKES:

_____

_____

_____

_____

DISLIKES:

_____

_____

_____

_____

DATE:

RATED:

MOVIE TITLE: _____

DIRECTOR: _____

YEAR: _____

SUB-GENRE: _____

MY RATING: 🔪 🔪 🔪 🔪 🔪

LIKES:

_____

_____

_____

_____

DISLIKES:

_____

_____

_____

_____

DATE: _____ **RATED:**

MOVIE TITLE: _____

DIRECTOR: _____

YEAR: _____

SUB-GENRE: _____

MY RATING:

LIKES:

_____

_____

_____

_____

DISLIKES:

_____

_____

_____

_____

DATE:

RATED:

MOVIE TITLE: _____

DIRECTOR: _____

YEAR: _____

SUB-GENRE: _____

MY RATING: 🔪 🔪 🔪 🔪 🔪

LIKES:

_____

_____

_____

_____

DISLIKES:

_____

_____

_____

_____

DATE: _____ **RATED:**

MOVIE TITLE: _____
DIRECTOR: _____
YEAR: _____
SUB-GENRE: _____

MY RATING: 🔪 🔪 🔪 🔪 🔪

LIKES:

_____
_____
_____
_____

DISLIKES:

_____
_____
_____
_____

DATE:

RATED:

MOVIE TITLE: _____

DIRECTOR: _____

YEAR: _____

SUB-GENRE: _____

MY RATING: 🔪 🔪 🔪 🔪 🔪

LIKES:

_____

_____

_____

_____

DISLIKES:

_____

_____

_____

_____

DATE: _____ **RATED:** _____

MOVIE TITLE: _____

DIRECTOR: _____

YEAR: _____

SUB-GENRE: _____

MY RATING:

LIKES:

_____

_____

_____

_____

DISLIKES:

_____

_____

_____

_____

DATE: [   ] **RATED:**

MOVIE TITLE: _____

DIRECTOR: _____

YEAR: _____

SUB-GENRE: _____

MY RATING: 🔪 🔪 🔪 🔪 🔪

LIKES:

_____

_____

_____

_____

DISLIKES:

_____

_____

_____

_____

DATE: _____ **RATED:**

MOVIE TITLE: _____
DIRECTOR: _____
YEAR: _____
SUB-GENRE: _____

MY RATING: 🔪 🔪 🔪 🔪 🔪

LIKES:

_____
_____
_____
_____

DISLIKES:

_____
_____
_____
_____

DATE: _____ **RATED:**

MOVIE TITLE: _____

DIRECTOR: _____

YEAR: _____

SUB-GENRE: _____

MY RATING: 🔪 🔪 🔪 🔪 🔪

LIKES:

_____

_____

_____

_____

DISLIKES:

_____

_____

_____

_____

DATE: _____ **RATED:**

MOVIE TITLE: _____

DIRECTOR: _____

YEAR: _____

SUB-GENRE: _____

MY RATING: 🔪 🔪 🔪 🔪 🔪

LIKES:

_____

_____

_____

_____

DISLIKES:

_____

_____

_____

_____

DATE:

RATED:

MOVIE TITLE: _____

DIRECTOR: _____

YEAR: _____

SUB-GENRE: _____

MY RATING: 🔪 🔪 🔪 🔪 🔪

LIKES:

_____
_____
_____
_____

DISLIKES:

_____
_____
_____
_____

DATE: _____ **RATED:**

MOVIE TITLE: _____

DIRECTOR: _____

YEAR: _____

SUB-GENRE: _____

MY RATING: 🔪 🔪 🔪 🔪 🔪

LIKES:

_____

_____

_____

_____

DISLIKES:

_____

_____

_____

_____

DATE: _____ **RATED:**

MOVIE TITLE: _____

DIRECTOR: _____

YEAR: _____

SUB-GENRE: _____

MY RATING: 🔪 🔪 🔪 🔪 🔪

LIKES:

_____

_____

_____

_____

DISLIKES:

_____

_____

_____

_____

DATE: [   ] **RATED:**

MOVIE TITLE: _____

DIRECTOR: _____

YEAR: _____

SUB-GENRE: _____

MY RATING: 🔪 🔪 🔪 🔪 🔪

LIKES:

_____

_____

_____

_____

DISLIKES:

_____

_____

_____

_____

DATE: [   ] **RATED:**

MOVIE TITLE: _____

DIRECTOR: _____

YEAR: _____

SUB-GENRE: _____

MY RATING: 🔪 🔪 🔪 🔪 🔪

LIKES:

_____

_____

_____

_____

DISLIKES:

_____

_____

_____

_____

DATE: ☐ **RATED:**

MOVIE TITLE: _____

DIRECTOR: _____

YEAR: _____

SUB-GENRE: _____

MY RATING: 🔪 🔪 🔪 🔪 🔪

LIKES:

_____

_____

_____

_____

DISLIKES:

_____

_____

_____

_____

DATE:

RATED:

MOVIE TITLE: _____

DIRECTOR: _____

YEAR: _____

SUB-GENRE: _____

MY RATING: 🔪 🔪 🔪 🔪 🔪

LIKES:

_____

_____

_____

_____

DISLIKES:

_____

_____

_____

_____

DATE: _____ **RATED:**

MOVIE TITLE: _____

DIRECTOR: _____

YEAR: _____

SUB-GENRE: _____

MY RATING:

LIKES:

_____

_____

_____

_____

DISLIKES:

_____

_____

_____

_____

DATE: **RATED:**

MOVIE TITLE: _____

DIRECTOR: _____

YEAR: _____

SUB-GENRE: _____

MY RATING: 🔪 🔪 🔪 🔪 🔪

LIKES:

_____

_____

_____

_____

DISLIKES:

_____

_____

_____

_____

DATE:

RATED:

MOVIE TITLE: _____

DIRECTOR: _____

YEAR: _____

SUB-GENRE: _____

MY RATING: 🗡️ 🗡️ 🗡️ 🗡️ 🗡️

LIKES:

_____

_____

_____

_____

DISLIKES:

_____

_____

_____

_____

DATE: **RATED:**

MOVIE TITLE: _____

DIRECTOR: _____

YEAR: _____

SUB-GENRE: _____

MY RATING: 🔪 🔪 🔪 🔪 🔪

LIKES:

_____

_____

_____

_____

DISLIKES:

_____

_____

_____

_____

DATE: **RATED:**

MOVIE TITLE: _____

DIRECTOR: _____

YEAR: _____

SUB-GENRE: _____

MY RATING: 🔪 🔪 🔪 🔪 🔪

LIKES:

_____

_____

_____

_____

DISLIKES:

_____

_____

_____

_____

DATE: **RATED:**

MOVIE TITLE: _____

DIRECTOR: _____

YEAR: _____

SUB-GENRE: _____

MY RATING: 🔪 🔪 🔪 🔪 🔪

LIKES:

_____
_____
_____
_____

DISLIKES:

_____
_____
_____
_____

DATE: _____ **RATED:**

MOVIE TITLE: _____

DIRECTOR: _____

YEAR: _____

SUB-GENRE: _____

MY RATING: 🔪 🔪 🔪 🔪 🔪

LIKES:

_____

_____

_____

_____

DISLIKES:

_____

_____

_____

_____

DATE: _____ **RATED:**

MOVIE TITLE: _____

DIRECTOR: _____

YEAR: _____

SUB-GENRE: _____

MY RATING: 🔪 🔪 🔪 🔪 🔪

LIKES:

_____

_____

_____

_____

DISLIKES:

_____

_____

_____

_____

DATE:

RATED:

MOVIE TITLE: _____

DIRECTOR: _____

YEAR: _____

SUB-GENRE: _____

MY RATING: 🔪 🔪 🔪 🔪 🔪

LIKES:

_____

_____

_____

_____

DISLIKES:

_____

_____

_____

_____

DATE: _____ **RATED:**

MOVIE TITLE: _____

DIRECTOR: _____

YEAR: _____

SUB-GENRE: _____

MY RATING: 🔪 🔪 🔪 🔪 🔪

LIKES:

_____

_____

_____

_____

DISLIKES:

_____

_____

_____

_____

DATE: _____ **RATED:**

MOVIE TITLE: _____

DIRECTOR: _____

YEAR: _____

SUB-GENRE: _____

MY RATING: 🔪 🔪 🔪 🔪 🔪

LIKES:

_____

_____

_____

_____

DISLIKES:

_____

_____

_____

_____

DATE: _____ **RATED:**

MOVIE TITLE: _____

DIRECTOR: _____

YEAR: _____

SUB-GENRE: _____

MY RATING: 🔪 🔪 🔪 🔪 🔪

LIKES:

_____

_____

_____

_____

DISLIKES:

_____

_____

_____

_____

DATE:

RATED:

MOVIE TITLE: _____

DIRECTOR: _____

YEAR: _____

SUB-GENRE: _____

MY RATING: 🔪 🔪 🔪 🔪 🔪

LIKES:

_____

_____

_____

_____

DISLIKES:

_____

_____

_____

_____

DATE:

RATED:

MOVIE TITLE: _____

DIRECTOR: _____

YEAR: _____

SUB-GENRE: _____

MY RATING:

LIKES:

_____

_____

_____

_____

DISLIKES:

_____

_____

_____

_____

DATE: _____ **RATED:**

MOVIE TITLE: _____

DIRECTOR: _____

YEAR: _____

SUB-GENRE: _____

MY RATING: 🔪 🔪 🔪 🔪 🔪

LIKES:

_____

_____

_____

_____

DISLIKES:

_____

_____

_____

_____

DATE: _____ **RATED:**

MOVIE TITLE: _____

DIRECTOR: _____

YEAR: _____

SUB-GENRE: _____

MY RATING: 🔪 🔪 🔪 🔪 🔪

LIKES:

_____

_____

_____

_____

DISLIKES:

_____

_____

_____

_____

DATE:

RATED:

MOVIE TITLE: _____

DIRECTOR: _____

YEAR: _____

SUB-GENRE: _____

MY RATING:

LIKES:

_____
_____
_____
_____

DISLIKES:

_____
_____
_____
_____

DATE: _____ **RATED:**

MOVIE TITLE: _____

DIRECTOR: _____

YEAR: _____

SUB-GENRE: _____

MY RATING: 🔪 🔪 🔪 🔪 🔪

LIKES:

_____

_____

_____

_____

DISLIKES:

_____

_____

_____

_____

DATE: _____ **RATED:**

MOVIE TITLE: _____

DIRECTOR: _____

YEAR: _____

SUB-GENRE: _____

MY RATING: 🔪 🔪 🔪 🔪 🔪

LIKES:

_____

_____

_____

_____

DISLIKES:

_____

_____

_____

_____

DATE:

RATED:

MOVIE TITLE: _____

DIRECTOR: _____

YEAR: _____

SUB-GENRE: _____

MY RATING: 🔪 🔪 🔪 🔪 🔪

LIKES:

_____

_____

_____

_____

DISLIKES:

_____

_____

_____

_____

DATE: [   ] **RATED:**

MOVIE TITLE: _____

DIRECTOR: _____

YEAR: _____

SUB-GENRE: _____

MY RATING: 🔪 🔪 🔪 🔪 🔪

LIKES:

_____

_____

_____

_____

DISLIKES:

_____

_____

_____

_____

DATE: _____ **RATED:**

MOVIE TITLE: _____
DIRECTOR: _____
YEAR: _____
SUB-GENRE: _____

MY RATING: 🔪 🔪 🔪 🔪 🔪

LIKES:

_____
_____
_____
_____

DISLIKES:

_____
_____
_____
_____

DATE: _____ **RATED:**

MOVIE TITLE: _____

DIRECTOR: _____

YEAR: _____

SUB-GENRE: _____

MY RATING: 🔪 🔪 🔪 🔪 🔪

LIKES:

_____

_____

_____

_____

DISLIKES:

_____

_____

_____

_____

DATE: _____ **RATED:**

MOVIE TITLE: _____

DIRECTOR: _____

YEAR: _____

SUB-GENRE: _____

MY RATING: 🔪 🔪 🔪 🔪 🔪

LIKES:

_____

_____

_____

_____

DISLIKES:

_____

_____

_____

_____

DATE: _____ **RATED:**

MOVIE TITLE: _____

DIRECTOR: _____

YEAR: _____

SUB-GENRE: _____

MY RATING:

LIKES:

_____

_____

_____

_____

DISLIKES:

_____

_____

_____

_____

DATE: _____ **RATED:**

MOVIE TITLE: _____
DIRECTOR: _____
YEAR: _____
SUB-GENRE: _____

MY RATING: 🔪 🔪 🔪 🔪 🔪

LIKES:

_____
_____
_____
_____

DISLIKES:

_____
_____
_____
_____

DATE:

RATED:

MOVIE TITLE: _____

DIRECTOR: _____

YEAR: _____

SUB-GENRE: _____

MY RATING: 🔪 🔪 🔪 🔪 🔪

LIKES:

_____

_____

_____

_____

DISLIKES:

_____

_____

_____

_____

DATE: [ ] **RATED:**

MOVIE TITLE: _____

DIRECTOR: _____

YEAR: _____

SUB-GENRE: _____

MY RATING: 🔪 🔪 🔪 🔪 🔪

LIKES:

_____

_____

_____

_____

DISLIKES:

_____

_____

_____

_____

DATE:

RATED:

MOVIE TITLE: _____

DIRECTOR: _____

YEAR: _____

SUB-GENRE: _____

MY RATING: 🔪 🔪 🔪 🔪 🔪

LIKES:

_____

_____

_____

_____

DISLIKES:

_____

_____

_____

_____

DATE: [ ] **RATED:**

MOVIE TITLE: _____

DIRECTOR: _____

YEAR: _____

SUB-GENRE: _____

MY RATING: 🔪 🔪 🔪 🔪 🔪

LIKES:

_____

_____

_____

_____

DISLIKES:

_____

_____

_____

_____

DATE:

RATED:

MOVIE TITLE: _____

DIRECTOR: _____

YEAR: _____

SUB-GENRE: _____

MY RATING:

LIKES:

_____

_____

_____

_____

DISLIKES:

_____

_____

_____

_____

DATE: [ ]   **RATED:**

MOVIE TITLE: _____

DIRECTOR: _____

YEAR: _____

SUB-GENRE: _____

MY RATING: 🔪 🔪 🔪 🔪 🔪

LIKES:

_____

_____

_____

_____

DISLIKES:

_____

_____

_____

_____

DATE: _____ **RATED:**

MOVIE TITLE: _____

DIRECTOR: _____

YEAR: _____

SUB-GENRE: _____

MY RATING: 🔪 🔪 🔪 🔪 🔪

LIKES:

_____

_____

_____

_____

DISLIKES:

_____

_____

_____

_____

Made in United States
North Haven, CT
01 July 2022

20858241R00070